BEI GRIN MACHT SICH IHR WISSEN BEZAHLT

- Wir veröffentlichen Ihre Hausarbeit, Bachelor- und Masterarbeit

- Ihr eigenes eBook und Buch - weltweit in allen wichtigen Shops

- Verdienen Sie an jedem Verkauf

Jetzt bei www.GRIN.com hochladen und kostenlos publizieren

Kritische Rezension zu "Couchsurfing involvement in non-profit peer-to-peer accommodations and its impact on destination image, familiarity and behavioral intensions" von Kuhzady et al. (2020)

Stefanie Kalß

Bibliografische Information der Deutschen Nationalbibliothek:

Die Deutsche Nationalbibliothek verzeichnet diese Publikation in der Deutschen Nationalbibliografie; detaillierte bibliografische Daten sind im Internet über http://dnb.d-nb.de abrufbar.

ISBN: 9783346808264
Dieses Buch ist auch als E-Book erhältlich.

Druck und Bindung: Books on Demand GmbH, Norderstedt Germany
Gedruckt auf säurefreiem Papier aus verantwortungsvollen Quellen

Das vorliegende Werk wurde sorgfältig erarbeitet. Dennoch übernehmen Autoren und Verlag für die Richtigkeit von Angaben, Hinweisen, Links und Ratschlägen sowie eventuelle Druckfehler keine Haftung.

Das Buch bei GRIN: https://www.grin.com/document/1322285

Kritische Rezension:
"Couchsurfing involvement in non-profit peer-to-peer accommodations and its impact on destination image, familiarity, and behavioral intentions" von Salar Kuhzady, Celil Çakici, Hossein Olya, Boshra Mohajer und Heesup Han (2020)

Modul: 2. Modul
Kurs: Journal Club

Student: Stefanie Kalß
Semester: Wintersemester 2022/2023
Datum: 06.01.2023

Genderklausel

Die in dieser Studienarbeit verwendeten Personenbezeichnungen beziehen sich immer gleichermaßen auf weibliche und männliche Personen. Auf eine Doppelnennung und gegenderte Bezeichnungen wird zugunsten einer besseren Lesbarkeit verzichtet.

Inhaltsverzeichnis

Abbildungsverzeichnis

1 Einleitung

Der Tourismus ist eine dynamische Branche, die sehr empfindsam auf Veränderungen reagiert. Neue Technologien haben einen großen Einfluss auf den Lebensstil sowie die Bedürfnisse der Menschen. Dies führt in Folge auch zu einem geänderten Reiseverhalten. (Miljković, et al., 2021, S. 455) Soziale Medien und das Internet spielen dabei eine zentrale Rolle. Zudem rücken Nachhaltigkeit und ein authentisches Reiseerlebnis immer mehr in den Fokus vieler Reisender. Dabei spielt auch die Sharing Economy eine bedeutsame Rolle. Geteilt werden Autos, Essen sowie das eigene Haus oder die Wohnung. In diesem Sinne sind die Plattformen Airbnb und Couchsurfing entstanden. Der wesentliche Unterschied besteht darin, dass Reisende für Unterkünfte bei Airbnb bezahlen müssen, während Couchsurfing kostenfrei ist und auf Selbstlosigkeit und sozialen Austausch verschiedenster Kulturen setzt. Batool, et al. (2021, S. 2376) betont, dass die Sharing Economy in den letzten Jahren stark gestiegen ist. Als Gründe werden genannt, dass immer mehr Menschen den Wunsch verspüren, mit ungenutzten Ressourcen Geld zu verdienen oder auch neue soziale Kontakte zu knüpfen. Weitere Argumente, die zum vermehrten Teilen von Gütern führen, sind das wachsende Interesse in Bezug auf das Thema Nachhaltigkeit sowie ein steigendes Umweltbewusstsein der Konsumenten. (Batool, et al., 2021, S. 2376)

Bei der Beherbergung handelt es sich um den größten und wichtigsten Faktor innerhalb der Tourismusindustrie, da die Gäste dafür am meisten Geld ausgeben. Die modernen Formen der Peer-to-Peer Beherbergung, vor allem jene, die wie das Couchsurfing kostenlos sind, treten für die klassischen Beherbergungsformen wie beispielsweise Hotels als Störfaktor auf. (Kuhzady et al., 2020, S. 132) Es ist daher innerhalb der Tourismusindustrie von großer Bedeutung, sich mit den neuen Entwicklungen im Bereich der Beherbergung zu beschäftigen und diese zu verstehen, um praxisrelevante Strategien zu entwickeln und aus aktuellen Strömungen und Trends positiven Nutzen zu ziehen. Auch wenn es sich laut Kuhzady et al. (2020, S.131) bei den Formen der Peer-to-Peer Beherbergung, um einen kleinen Markt handelt, der auf preisbewusste Konsumenten abzielt, sollte dieser nicht unterschätzt werden.

Ziel dieser kritischen Rezension ist es, den in englischer Sprache verfassten Ausgangsartikel „Couchsurfing involvement in non-profit peer-to-peer accommodations and its impact on destination image, familiarity and behavioral intensions" von Kuhzady et al. (2020) detailliert zu analysieren und auf einer wissenschaftlichen Basis verschiedene Forschungsergebnisse miteinander zu vergleichen und zu diskutieren. Zu Beginn der vorliegenden Arbeit wird der Ausgangsartikel zusammengefasst, um die wichtigsten Ergebnisse hervorzuheben und einen Überblick zu erhalten. Danach wird eine präzise Einordnung in die wissenschaftliche Literatur vorgenommen. Darauf folgt eine Analyse der im Artikel gewählten Methodik sowie der empirischen Forschungsmethoden. Um das genannte Ziel erfolgreich zu erreichen, wurde eine hermeneutische Literaturrecherche durchgeführt, um weitere, zur Thematik passende Artikel zu finden und deren Ergebnisse in einen kritischen Kontext zum gewählten Hauptartikel zu setzen. Alle genutzten Quellen werden zitiert und abschließend in einem Literaturverzeichnis dargestellt. Der Zitierstil entspricht dem Stand APA 7. Am Ende werden im Fazit alle relevanten Ergebnisse erörtert sowie Ansätze zu ergänzenden Forschungen dargelegt.

2 Zusammenfassung des Artikels

Der Artikel „Couchsurfing involvement in non-profit peer-to-peer accommodations and its impact on destination image, familiarity and behavioral intensions" wurde von Salar Kuhzady, Celil Çakici, Hossein Olya, Boshra Mohajer und Heesup Han verfasst und ist im Jahr 2020 im Journal of Hospitality and Tourism Management erschienen. Zielsetzung dieses wissenschaftlichen Artikels ist die Erforschung, welchen Einfluss das Couchsurfing auf die Faktoren Image des Reiseziels, Vertrautheit mit der Destination und Verhaltensabsichten hat. Zu Beginn wurde in den Datenbanken WOS und Scopus mit dem Keyword „Couchsurfing" nach relevanten Studien gesucht. Dabei stellte sich heraus, dass sich die meisten wissenschaftlichen Arbeiten mit der Thematik der kostenpflichtigen Peer-to-Peer Beherbergung, beispielsweise Airbnb, auseinandergesetzt hatten. Kuhzady et al. (2020, S.132) betont, dass es einen Mangel an Studien gibt, die sich mit Couchsurfing und somit den kostenfreien Peer-to-Peer Beherbergungsformen beschäftigen. Die Stichwortsuche ergab zudem, dass die Studien sich vorrangig mit Variablen wie Vertrauen, Authentizität, Erfahrung und Risiko befasst haben. Um diese Forschungslücke zu schließen, wurde dem Artikel eine Literaturrecherche vorangestellt, um anschließend acht Hypothesen aufzustellen und eine empirische Forschung in Form eines Fragebogens durchzuführen. Abschließend wurden die Hypothesen getestet und die Ergebnisse in einem Fazit zusammengefasst und diskutiert. (Kuhzady et al., 2020, S.139)

2.1 Literaturübersicht

Kuhzady et al. (2020, S. 132) beschreibt, dass die Peer-to-Peer Beherbergung in die drei Arten P2P, B2B und B2C unterteilt werden kann. Bei B2C handelt es sich um die klassische Hotellerie, B2B ist eine Nische, deren bekanntestes Beispiel die Plattform Hotelswaps ist. Dabei können Mitgliedshotels ihre freien Kapazitäten gegen Übernachtungen in anderen Hotels eintauschen. P2P Plattformen wie Airbnb und Couchsurfing sind zu Hauptakteuren in der Sharing Economy im Bereich der Unterkünfte geworden und sprechen vor allem die Generation Y, also jene Menschen, die zwischen 1978 und 1996 geboren sind, an. Als Motivationen diese Art der Logis zu nutzen, werden das Kennenlernen von anderen Kulturen und Sprachen, ein individuelleres

Reiseerlebnis, neue Freunde zu finden und die soziale Verantwortung gegenüber der Umwelt angeführt. Auch die monetären Absichten dürfen dabei nicht vergessen werden. All diese Gründe haben einen großen Anteil daran, dass laut Kuhzady et al. (2020, S. 133) die Zahl der Couchsurfer von neun Millionen Mitgliedern in mehr als 120.000 Städten im Dezember 2014 auf 15 Millionen Teilnehmer in über 200.000 Städten im April 2017 gestiegen ist. Dieser starke Anstieg kann auf die technologische Weiterentwicklung, die steigenden ökologischen Bedenken und den Fokus auf ein authentischeres Reiseerlebnis sowie dem Wunsch einer tieferen Verbundenheit mit einheimischen Menschen und Gebräuchen zurückgeführt werden. Die größte Herausforderung, mit der sich die Couchsurfing-Plattform konfrontiert sieht, ist das Vertrauen. Jene Personen, die beim Couchsurfing aufeinandertreffen, kennen sich vorher nicht und können sich nur durch Bewertungen und das Profil des Gastgebers einen Eindruck verschaffen. In dem vorhandenen Journalartikel wird daher das Vertrauen als Schlüsselfaktor in diesem Bereich der Peer-to-Peer Beherbergung genannt. Kuhzady et al. (2020, S. 133) bezieht sich auf Studien, die vorschlagen, dass gewisse Regulierungen der Plattform als Hilfestellung dienen könnten, um die Unsicherheit der Nutzer zu reduzieren. (Kuhzady et al., 2020, S. 133)

Bevor Kuhzady et al. (2020, S.134) damit beginnt, acht Hypothesen zu formulieren, werden vorab für den Kontext wichtige Begrifflichkeiten definiert. Das Image einer Destination, welches in der Fachliteratur des Tourismus als eines der meisterforschten Gebiete gilt, wird als das Ergebnis von Gefühlen, Wissen und dem Gesamteindruck eines Reisegebietes erläutert. Um die Verhaltensabsichten zu messen, sind laut Kuhzady et al. (2020, S.134) vier Punkte essenziell: Loyalität, Wiederbesuch der Destination, positive Mund-zu-Mund Propaganda und der Wille, den Ort weiterzuempfehlen. Die acht Hypothesen, welche aufgestellt wurden, sollen die kausalen Zusammenhänge zwischen der Beteiligung am Couchsurfing, der Vertrautheit mit der Destination, den Verhaltensabsichten sowie dem Gesamtimage des Reiseziels überprüfen. Ein abschließender Hypothesentest im methodischen Teil der Arbeit zeigt, dass alle acht Hypothesen bestätigt werden konnten. (Kuhzady et al., 2020, S.138)

2.2 Methodik

Als empirische Forschungsmethode wurde von Kuhzady et al. (2020, S.136) ein Fragebogen gewählt. Bevor dieser erstellt wurde, war es wichtig, die Ausgangssituation zu verstehen und daher wurden neben einer Recherche der Couchsurfingplattform auch Interviews mit Mitgliedern geführt. Danach wurde ein Fragebogen unter Berücksichtigung der vorhandenen Literatur erstellt. Dieser wurde von fünf Wissenschaftlern in zwei Runden evaluiert und durch das Feedback verbessert. Nach einer Teststudie, bei der von 100 gesendeten Fragebögen 54 retourniert wurden, begann die Hauptstudie. Im ersten Teil wurden soziodemografische Daten abgefragt. Das Alter der Teilnehmer wurde anhand der Generationen (Generation Z, Millennials/

Generation Y, Generation X und Baby Boomers) geprüft. Die Antwortkategorien wurden anhand einer Fünf-Punkte Likert Skala gemessen. Als Stichprobenverfahren wurde eine gezielte Stichprobe gewählt, die die folgenden Kriterien erfüllen musste:

- Couchsurfer, die Bewertungen über ihre Gastgeber in der Türkei abgegeben haben
- Couchsurfer, die sich innerhalb des letzten Monats bei der Plattform eingeloggt haben
- Couchsurfer die Referenzen haben

Anhand dieser Kriterien wurde der Online-Fragebogen an 1148 Personen gesendet. Mithilfe persönlicher Nachrichten auf der Couchsurfing-Plattform konnte Kuhzady et al. (2020, S.136) eine Rücklaufquote von 53%, das entspricht 609 Teilnehmern verzeichnen. Davon waren 59,6% (363 Befragte) männlich und 40,4% (246 Befragte) weiblich. Betreffend des Bildungsgrades ergab sich, dass 78% (477 Befragte) ein Bachelorstudium oder ein postgraduales Studium abgeschlossen hatten. 83% der Teilnehmer gaben an, Couchsurfing bis Juni 2017 bereits mehr als zweimal genutzt zu haben. Ergänzend dazu wurde erhoben, ob die Befragen neben dem Couchsurfing auch klassische Beherbergung während ihres Aufenthaltes genutzt haben. Darauf gab die Mehrheit der Befragten (88%) an, innerhalb eines Aufenthaltes an einem Reiseziel auch in Hotels und Hostels übernachtet zu haben.

Für alle im Fragebogen enthaltenen Konstrukte wurde eine explorative Faktorenanalyse durchgeführt. Die finalen Ergebnisse zeigten, dass 14 von insgesamt 16 Items eine Faktorladung von über 0,5 aufweisen. Aufgrund dieser Basis wurden vier Faktoren mit einer Gesamtvarianz von 76,59% extrahiert. Dabei verteilen sich die einzelnen Varianzen folgendermaßen:

- Couchsurfing-Engagement (22,15% Varianz)
- Vertrautheit mit dem Reiseziel (18,72% Varianz)
- Gesamteindruck des Reiseziels (17,95% Varianz)
- Verhaltensabsichten (17,76% Varianz)

Anhand dieser Daten konnte von Kuhzady et al. (2020, S.139) nachgewiesen werden, dass gemeinnützige Peer-to-Peer Beherbergungen einen positiven Einfluss auf das Gesamtbild der Destination, der Vertrautheit mit dem Reiseziel sowie der Verhaltensabsichten (Wiederbesuch, positive Mund-zu-Mund Propaganda) hat. Die Forschungsergebnisse können vor allem für Destinationsmarketingorganisationen von Nutzen sein. Praxisrelevante Schlüsse können dahingehend gezogen werden, dass sich Touristen mehr Interaktion mit der lokalen Bevölkerung und den Traditionen wünschen. Dies sollte vor allem von Betreibern der klassischen Hotellerie berücksichtigt werden, denn es geht vermehrt darum, nicht die Ausstattung, sondern Erlebnisse in den Fokus zu stellen. In Bezug auf jene Punkte, die im Artikel nicht behandelt wurden, werden die Sicht der Gastgeber sowie Vergleiche zwischen Airbnb und Couchsurfing genannt. Diese stellen Ansätze zu ergänzenden Studien dar. (Kuhzady et al., 2020, S.139)

Nach diesem Überblick über den Ausgangsartikel folgt die kritische Einordnung in die wissenschaftliche Literatur. Diese ist von Bedeutung, um zu überprüfen, ob die Argumentationen und Theorien schlüssig sind und ob sich ähnliche oder divergierende Ergebnisse in anderen Studien finden.

3 Kritische Einordnung in die wissenschaftliche Literatur

Die kritische Einordnung des Ausgangsartikels von Kuhzady et al. (2020) wird unter Zuhilfenahme anderer Abhandlungen, Studien und weiterer Literatur, die sich mit der Materie beschäftigen, vorgenommen. Anhand der Recherche wird offensichtlich, dass der Faktor Vertrauen in vergleichbaren wissenschaftlichen Arbeiten deutlich mehr in den Fokus gestellt wird als in dem vorliegenden Journalartikel von Kuhzady et al. (2020). Von Kuhzady et al. (2020, S. 133) wird Vertrauen als die schwierigste Hürde bei der Nutzung von Couchsurfing genannt. Um dieses Hindernis zu umgehen, werden auf der Plattform bestimmte Mechanismen genutzt wie beispielsweise verifizierte Mitgliedschaften und die Anzahl der Freunde. Ku et al. (2022, S. 126) geht näher auf diesen Umstand ein und definiert Vertrauen als die Bereitschaft, sich darauf zu verlassen, dass andere Individuen in einer desiderablen Art und Weise handeln. Für die Kommunikation auf der Plattform ist Vertrauen jene Basis, die vorhanden sein muss, bevor sich Gastgeber und Couchsurfer im realen Leben begegnen. Diese kann gestärkt werden, wenn beide Seiten Gemeinsamkeiten wie zum Beispiel ähnliche Reisebedürfnisse, Erfahrungen und Ziele vorweisen. (Ku et al., 2022, S.126) Eine weitere Definition von Vertrauen findet sich bei Reddit et al. (2022, S. 229) Dabei wird betont, dass Vertrauen eine allgemeine Erwartung einer Person ist, dass diese sich auf das Wort, Versprechen oder die Aussage einer anderen Person verlassen kann. Der Artikel von Miljković, et al. (2021, S. 463) widmet sich dem Thema Vertrauen auch im empirischen Teil der Arbeit. Ein Fragebogen mit 14 Items wurde erstellt, wobei zwei davon darauf abzielten die Meinung der 94 Teilnehmer zum Thema Vertrauen abzufragen. Die Ergebnisse zeigen, dass die Teilnehmer davon überzeugt sind, das Couchsurfing sicher ist und das Bewertungen von vorherigen Gästen des jeweiligen Gastgebers einen signifikanten Einfluss auf die Entscheidungen haben, welche Beherbergung gewählt wird. Damit wird auch veranschaulicht, dass Bewertungen eine effektive Methode darstellen, um in der virtuellen Welt Vertrauen aufzubauen. (Miljković, et al., 2021, S.463) Ein weiterer zentraler Begriff, den es in diesem Zusammenhang zu definieren gilt, ist das sogenannte „electronic word of mouth" folglich die elektronische Mund-zu-Mund-Propaganda. Aruan und Felicia (2019, S.491) definieren diesen Terminus als alle Angaben, Aussagen und Diskussionen über ein Produkt, eine Dienstleistung oder ein Unternehmen, die im Internet zu finden sind. Konsumenten tendieren dazu, sich vor der Kaufentscheidung über das „electronic word of mouth" zu informieren. Je positiver dieses ist, desto wahrscheinlicher wird sich ein Interessent für ein bestimmtes Produkt entscheiden oder im Fall der Peer-to-Peer Beherbergung für einen bestimmten Gastgeber. Ein weiterer Zweck der elektronischen Mund-zu-Mund-Propaganda ist es, das Risiko zu minimieren, falsche Entscheidungen zu treffen. (Aruan & Felicia, 2019, S. 491) Kuhzady et al. (2020, S. 133) bezieht sich ebenfalls auf die Studie von Aruan und Felicia (2019) und schildert, dass bei Couchsurfern eine starke Abhängigkeit hinsichtlich der elektronischen Mund-zu-Mund-Propaganda besteht. Denn bevor eine Entscheidung getroffen wird, bieten Informationen und Bewertungen rund um einen potenziellen Gastgeber die einzige Möglichkeit auszuwählen, welche Unterkunft für die eigenen Erwartungen und Bedürfnisse am dienlichsten ist. (Kuhzady et al., 2020, S.133) Nachdem die Begrifflichkeiten Vertrauen und die elektronische Mund-zu-Mund-Propaganda definiert wurden, nimmt der weitere Aufbau der Analyse Bezug auf die Studienstruktur und behandelt nachfolgend die Thematik der Peer-to-Peer Beherbergung. Dies ist besonders wichtig, um die Ausmaße dieser neuen Art der Beherbergung sowie die Praxisrelevanz der Studie zu untermauern. In Abschnitt 3.2 folgt eine kritische Betrachtung der von Kuhzady et al. (2020, S.134) erarbeiteten Hypothesen.

3.1 Peer-to-Peer Beherbergung

Kuhzady et al. (2020, S.132) beschreibt die Beherbergung als den bedeutsamsten Sektor innerhalb der Tourismusindustrie. Urlauber geben dafür in vielen Fällen den größten Teil ihres Reisebudgets aus. Die Entstehung der Sharing Economy und damit verbunden auch den Peer-to-Peer Beherbergungen, welche im Falle von Couchsurfing kostenlos sind, stellen für die traditionelle Hotellerie Störfaktoren dar. Neben der unentgeltlichen Form des Couchsurfings gibt es zudem die Plattform Airbnb. Dabei werden ebenfalls private Unterkünfte zur Verfügung gestellt, allerdings können diese nicht kostenfrei gemietet werden. (Kuhzady et al., 2020, S.132) Eine allgemeine Auseinandersetzung mit der Materie der Sharing Economy findet sich im vorliegenden Artikel nicht. Laut Reddit et al. (2022, S. 226) kann diese folgendermaßen definiert werden: eine peer-to-peer basierte Aktivität der Beschaffung des Gebens oder Teilens von Waren und Dienstleistungen, welche durch eine online Gemeinschaft koordiniert wird. Des Weiteren wird in Bezug auf die Beherbergungen ausgeführt, dass es sich um ein Businessmodel handelt, das den sozialen Austausch zwischen jenen Menschen fördert, die Wohnraum haben, den sie nicht benötigen und Menschen, die genau an diesem Ort eine Unterkunft brauchen. (Reddit et al., 2022, S.226) Diese Erklärung bezieht sich sowohl auf Couchsurfing als auch auf Airbnb. In der Arbeit von Kuhzady et al. (2020, S.133) wird ausschließlich Bezug auf das Couchsurfing genommen. Um einen Gesamteindruck der Thematik zu erhalten, ist es jedoch von Bedeutung, sich in den Grundzügen mit dem kostenpflichtigen Pendant Airbnb und den Unterschieden auseinanderzusetzen. Aruan und Felicia (2019, S. 489) liefern dazu wichtige Informationen. Bei der im Jahr 2008 gegründeten Plattform Airbnb gibt es eine Auswahl an

Häusern, Einzel- und Gemeinschaftsunterkünften und es ist nicht zwingend notwendig, mit dem Vermieter in Kontakt zu treten. Beim Couchsurfing wird sich mit dem Gastgeber dessen Wohnraum bewusst geteilt, um neue soziale Erfahrungen zu kreieren. Als Hauptzielgruppe für Couchsurfing und Airbnb werden von Aruan und Felicia (2019, S. 488) und Kuhzady et al. (2020, S.132) übereinstimmend die Millennials genannt. Die Motive, sich an dem Konzept der Sharing Economy zu beteiligen, sind vielfältig. Monetär gesehen bieten solche Konzepte gute Möglichkeiten, eine preiswerte Unterkunft zu finden und diese Kosteneinsparung kann zu mehr Zufriedenheit führen. Auch die sozialen Aspekte wie beispielsweise der Austausch mit fremden Menschen, die zu Freunden werden können, tragen dazu bei, dass immer mehr Menschen diese Ideen ausprobieren. (Aruan & Felicia, 2019, S.488)

3.2 Hypothesen

Um zu erforschen, welche Auswirkungen das Unterkunftsmodell Couchsurfing hinsichtlich der Faktoren Vertrautheit mit dem Reiseziel, Verhaltensabsichten und dem Gesamteindruck der Destination hat, wurden von Kuhzady et al. (2020, S.134) acht Hypothesen erstellt, um diese Zusammenhänge zu prüfen. In der Literatur von Döring et al. (2016, S.145) werden Hypothesen allgemein als Ausführungen bezeichnet, die sich auf frühere Forschungen stützen oder aus wissenschaftlichen Theorien abgeleitet werden. Sie dürfen zudem nur dann formuliert werden, wenn sie sich auf begründbare Quellen stützen und diese auch Erwähnung finden. Bei den im Ausgangsartikel formulierten Hypothesen handelt es sich um sogenannte Zusammenhangshypothesen. Diese setzten voraus, dass ein Zusammenhang zwischen zwei oder mehreren Variablen besteht. Allerdings können solche Korrelationen nicht zwangsläufig für eine Bestätigung der Kausalität herangezogen werden. Jedoch stehen hinter solchen Hypothesen in vielen Fällen bestimmte Ideen von Wirkungsmodellen. (Döring et al., 2016, S.145). Von Kuhzady et al. (2020, S.134) wurde keine Nullhypothese (H0) aufgestellt. Diese setzt laut Biemann (2009, S.206) voraus, dass kein bestimmter Effekt zu finden ist. Demzufolge beginnt Kuhzady et al. (2020, S.134) mit der ersten Hypothese (H1). Diese besagt, dass die Teilnahme am Couchsurfing einen positiven Einfluss auf die Verhaltensabsichten hat. Je mehr die Besucher einbezogen werden, desto höher ist die Zufriedenheit und auch die Intension, den Urlaubsort wieder zu besuchen, wird dadurch gesteigert (Kuhzady et al., 2020, S.134) Bei Ku et al. (2022, S.130) findet sich eine ergänzende Definition hinsichtlich der Verhaltensabsichten, diese werden als Einfluss und Motivation geschildert, die ein Individuum dazu bringen, ein bestimmtes Verhalten/Benehmen zu zeigen. Die zweite Hypothese (H2) beschreibt den Zusammenhang zwischen dem gemeinschaftlichen Erlebnis des Couchsurfings und der Vertrautheit mit dem Reiseziel. Diese soll dadurch positiv gestärkt werden. Die Einbindung in das Leben der lokalen Bevölkerung und Gespräche mit Einheimischen tragen dazu bei, dass Reisende mehr Informationen über eine Destination haben und so eine Vertrautheit mit dem Reiseziel entsteht.

(Kuhzady et al., 2020, S.134) Miljković, et al. (2021, S. 456) schildert ebenfalls, dass dies der beste Weg ist, um ein Reiseziel intensiv kennenzulernen und setzt das ergänzend in Beziehung mit dem Trend des „slow tourism". Dabei geht es, um das gründliche Kennenlernen des Urlaubsortes und diesen nicht nur oberflächlich wahrzunehmen. Kuhzady et al. (2020, S.134) führt als Beispiel an, dass durch Airbnb positive Auswirkungen auf die Aufenthaltsdauer und die Anzahl der genutzten Aktivitäten in der Destination verzeichnet werden konnten. Diese Ergebnisse können auch auf das Couchsurfing übertragen werden. (Kuhzady et al., 2020, S.134) Durch die dritte Hypothese (H3) wird verdeutlicht, dass Couchsurfing dazu beiträgt, dass das Gesamtimage einer Destination positiv wahrgenommen wird. Kuhzady et al. (2020, S.134) beschreibt, dass ein Zusammenhang zwischen dem Destinationsimage und der Partizipation der Urlauber am Reiseziel nachgewiesen werden kann. Dies wird durch die Studie von Hahm und Tasci (2020, S. 95) unterstrichen. Dabei wird ausgeführt, dass es eine Vielzahl von Möglichkeiten gibt, wie Menschen ein Bild einer Destination formen. Eine der wichtigsten ist die authentische Erfahrung vor Ort. Diese wird als realistischer, komplexer und positiver bewertet als Informationen oder Erkenntnisse aus anderen Quellen. (Hahm & Tasci, 2020, S. 95) Hypothese vier (H4) bezieht sich darauf, dass die Vertrautheit mit dem Reiseziel einen positiven Einfluss auf die Verhaltensabsichten hat. Wenn das Vertrauen gestärkt ist, fühlen sich Menschen komfortabel und sicher. Dadurch wird ein Wiederbesuch wahrscheinlicher. Auch Hypothese fünf (H5) beschäftigt sich mit der Variable der Verhaltensabsichten. Im Gegensatz zur vierten Hypothese wird erläutert, dass das Gesamtbild einer Destination positive Auswirkungen auf die Verhaltensabsichten hat. Touristen, die einen guten Eindruck des Reiseziels haben, sind loyaler und empfehlen den Ort weiter. Die sechste Hypothese (H6) beschreibt, dass die Vertrautheit mit der Destination einen positiven Einfluss auf das Image ebendieser hat. Durch das Couchsurfing haben Menschen die Möglichkeit, verschiedene Orte innerhalb einer Destination zu besuchen und so in einem hohen Maße mit der lokalen Bevölkerung zu interagieren. Dies führt zu authentischen Erfahrungen, was wiederum dem Image in einer positiven Weise dienlich ist. (Kuhzady et al., 2020, S.134) Unterstützt wird diese Annahme durch Szubert et al. (2021, S.1) Dabei wird neben der Bedeutsamkeit der Vertrautheit mit dem Reiseziel zudem genannt, dass sie einen wichtigen Faktor in Bezug auf die Attraktivität sowie das Image einer Destination darstellt. Die Vertrautheit wird dabei aus einer Kombination von früherer Erfahrung und dem Wissenstand über die Destination definiert. (Szubert et al., 2021, S.1) Hypothese sieben (H7) lautet: die Vertrautheit mit dem Reiseziel vermittelt die Beziehung zwischen der Beteiligung am Couchsurfing und den Verhaltensabsichten. Diese These wurde von Kuhzady et al. (2020, S.135) selbst aufgestellt, da in diesem Bereich eine Forschungslücke vorhanden ist. Damit stützt sie sich nicht wie von Döring et al. (2016, S.145) hervorgehoben auf begründbare Quellen und Forschungen. Aus diesem Grund entspricht diese Hypothese nicht den in der allgemeinen Literatur beschriebenen Kriterien. Im Artikel wird die Hypothese dadurch erläutert, dass die

Vertrautheit zunächst aus der Wahrnehmung einer emotionalen Beziehung zur Destination resultiert. Dadurch sind Reisende motivierter, sich auf Erlebnisse einzulassen und die Vertrautheit trägt dazu bei, mögliche Risiken zu minimieren. Dadurch werden die Verhaltensabsichten beeinflusst und das Interesse des Reisenden wird geweckt, auch andere Ziele innerhalb der Destination zu besuchen. Die achte Hypothese (H8) besagt, dass das Gesamtimage die Beziehung zwischen der Beteiligung und den Verhaltensabsichten vermittelt. (Kuhzady et al., 2020, S.135) Abbildung eins dient zur Veranschaulichung der acht aufgestellten Hypothesen. Durch dieses Forschungsmodell wird dargelegt, dass das Couchsurfing direkte Auswirkungen auf die übrigen drei Variablen Vertrautheit mit dem Reiseziel, Verhaltensabsichten und dem Gesamtimage des Reiseziels hat. Ferner dient die Darstellung als Übersicht, welche Variablen von den einzelnen Hypothesen verbunden werden. Abschließend wird von Kuhzady et al. (2020, S.137) ein Hypothesentest durchgeführt anhand dessen alle Hypothesen bestätigt wurden.

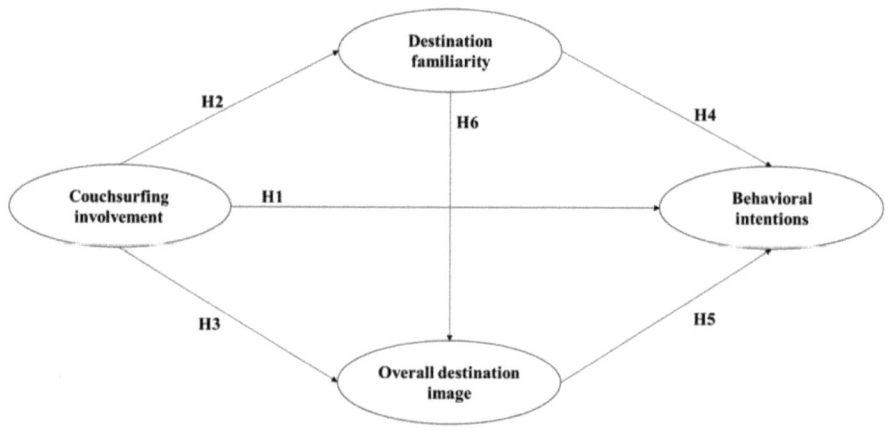

H7: Couchsurfing involvement ➔ Destination familiarity ➔ Behavioral intentions
H8: Couchsurfing involvement ➔ Overall destination image ➔ Behavioral intentions

Abbildung 1: Forschungsmodell und Hypothesen
(Kuhzady et al., 2020, S.135)

4 Analyse der Methodik

In diesem Kapitel wird die im Ausgangsartikel von Kuhzady et al. (2020, S.135) verwendete Methodik untersucht. Diverse Aspekte der Arbeit geben Anlass zu einer kritischen Interpretation der Forschungsstruktur. Des Weiteren geht es um eine Einordnung der Methodik in die Literatur der empirischen Human- und Sozialforschung sowie um Vergleiche mit ähnlichen Studien. In der

Arbeit von Kuhzady et al. (2020) wird ein online Fragebogen als quantitative empirische Forschungsmethode gewählt, um die benötigten Daten zu erheben. Kuhzady et al. (2020, S.135) führt aus, dass es, bevor der Fragebogen erstellt wurde, von Bedeutung war, die Prozesse des Couchsurfings besser zu verstehen. Daher wurden erste Daten unter anderem durch die Beherbergung von anderen Mitgliedern und durch ausführliche Gespräche mit Couchsurfern erfasst. Nach einem Fragebogenentwurf, der durch die Evaluierung von Wissenschaftlern verbessert wurde, wurde eine Teststudie durchgeführt. Dabei wurde der Fragebogen an 100 Couchsurfer gesendet. 54 retournierten ihn, 20 Teilnehmer sagten aus, dass die Fragestellungen klar formuliert waren und weitere 30 Teilnehmer gaben an, alle Fragen verstanden zu haben. Kritisch anzumerken ist, dass nicht hervorgeht welche Kriterien die Probanden für den Pre-Test erfüllen mussten beziehungsweise, ob es sich dabei um dieselbe Stichprobe handelte wie im Anschluss bei der Hauptbefragung. Dadurch, dass in der Teststudie keine relevanten Probleme aufgetreten waren, wurde mit der Distribution der online Fragebögen begonnen. Im ersten Teil wurden Geschlecht, Bildungsniveau, die Erfahrung mit Couchsurfing und die Anzahl jener Male, bei denen klassische Unterkunftsmodelle genutzt wurden, abgefragt. Auch das Alter wurde anhand der Generationen (Generation Z, Generation Y/Millennials, Generation X, Baby Boomers) erfragt. Dieses Modell ist allerdings aufgrund der entstehenden Ungenauigkeiten in Kritik geraten. Kuhzady et al. (2020, S.136) bezieht sich bei dieser kritischen Meinung auf die Studie von Goh und Lee (2018, S.21). Dabei wird ausgeführt, dass bei der Generationentheorie angenommen wird, dass Menschen je nach Geburtsjahr bestimmte Charaktereigenschaften zugerechnet werden können. Besonders zu Beginn und gegen Ende der definierten Generationen kann es zu Überschneidungen kommen und somit zu verfälschten Ergebnissen, wenn dieses Modell bei empirischen Forschungsmethoden eingesetzt wird. (Goh & Lee, 2018, S.21) Dies wird auch dadurch unterstrichen, dass die Studie von Aruan & Felicia (2019, S.494) die Generation Y mit den Geburtsjahren zwischen 1980 und 2000 definiert. Im Vergleich dazu werden bei Kuhzady et al. (2020, S.136) die Jahrgänge 1978 bis 1995 zur Generation Y hinzugezählt.

Kuhzady et al. (2020, S.136) führt in Bezug auf den Fragebogen ergänzend aus, dass die Antwortkategorien für alle Items anhand einer fünfstufigen Likert-Skala gemessen wurden. Dabei reichte die Skala von eins (stimme überhaupt nicht zu) bis zu fünf (stimme vollkommen zu). In der Literatur von Döring et al. (2016, S.269) wird die Likert-Skala als eine psychometrische Skala bezeichnet, die als meistgenutzt im Bereich der Sozialwissenschaften gilt. Dabei wird anhand mehrerer Indikatoren ein bestimmtes Konstrukt auf Intervallskalenniveau erfasst. Bei den Indikatoren handelt es sich um die Items, die entweder in Form von Fragen oder Aussagen formuliert werden. Die Ratingskala muss dabei mindestens fünfstufig sein, so wie dies auch in der vorliegenden Studie sachgemäß umgesetzt wurde. (Döring et al., 2016, S.269) Um jene Personen zu selektieren, die den erarbeiteten Fragebogen beantworten sollten, wurde von

Kuhzady et al. (2020, S.136) eine gezielte Stichprobe gewählt. Diese wird auch als nicht-probabilistisch bezeichnet und es wird zwischen bewusster und willkürlicher Auswahl unterschieden. Bei der bewussten Auswahl werden jene Personen herangezogen, die bestimmte Merkmale aufweisen. (Döring et al., 2016, S.294) Hinsichtlich dieser Definition ist erkennbar, dass es sich in der Studie um eine gezielte, bewusste Stichprobe handelt, bei der die Befragten Bewertungen über ihre Gastgeber in der Türkei abgegeben haben mussten, sich innerhalb des letzten Monats auf der Plattform eingeloggt haben sowie Referenzen aufweisen mussten. Der gesamte Stichprobenumfang lag dabei bei 1148 Couchsurfern, wovon 609 Fragebögen retourniert wurden. Dies entspricht 53 Prozent und stellt damit eine gute Ausgangslage dar, um geeignete Forschungsergebnisse zu erzielen. Mit 59,6 Prozent war die Mehrheit der Befragten männlich und mehr als 72 Prozent waren zwischen 23 und 36 Jahre alt, gehörten also der Generation Y / Millennials an. (Kuhzady et al.,2020, S.136) Kritisch zu betrachten ist jedoch, dass für die Stichprobe nur jene Couchsurfer ausgewählt wurden, die Ihren Gastgeber in der Türkei bewertet haben und somit sicher in diesem Land Couchsurfing Erfahrungen gemacht haben. Viele der Items beziehen sich auch in der direkten Fragestellung auf die Türkei. Vor allem bei den Verhaltensabsichten wird dies deutlich. Bei Kuhzady et al. (2020, S.137) werden die Punkte Familie und Freunde zu ermutigen, das Reiseziel zu besuchen sowie positiv über das Reiseziel zu sprechen in direkter Verbindung mit der Türkei gesetzt. Abbildung zwei gibt dabei einen Überblick über diese und alle weiteren Items. Dabei ist kritisch anzumerken, dass der Titel des Artikels sowie der Aufbau der Arbeit über eine allgemeine Repräsentativität der Daten sprechen und anhand des Inhalts nicht deutlich hervorgeht, dass bei der empirischen Forschung das Land Türkei in den Fokus gestellt wird. Andere Studien wie jene von Miljković et al. (2021, S. 459) stellen zusätzlich Informationen darüber bereit, aus welchem Herkunftsland die Befragten kommen. Dies wäre auch in der vorliegenden Studie von Relevanz in Bezug auf die unterschiedlichen Bedürfnisse und Verhaltensabsichten verschiedener Kulturen. Ergänzend zu den Items im Bereich der Verhaltensabsichten zeigt die Studie von Ku et al. (2022, S.133) das es auch von Bedeutung ist Fragen in Bezug auf den Gastgeber beispielsweise ob dieser für einen weiteren Aufenthalt wieder gewählt werden würde oder ob diesbezüglich Empfehlungen an Freunde und Familie gemacht werden, zu stellen. Diese Betrachtungsweise wurde in dem zu analysierenden Hauptartikel vernachlässigt.

Neben den Items und Konstrukten werden in Abbildung zwei, welche von Kuhzady et al. (2020, S.137) erstellt wurde, unter anderem auch die Faktorladungen, Mittelwerte sowie die Standardabweichung dargestellt. Es wurde eine explorative Faktorenanalyse durchgeführt. Diese ist laut Rinkenburger (2011, S.455) eine Hilfe, um zu prüfen, ob den gewählten Variablen latente Sachverhalte zugrunde liegen. Kuhzady et al. (2020, S.136) führt aus, dass die Items mindestens eine Faktorenladung von 0,5 aufweisen sollten. Aufgrund dessen wurden zwei Items gelöscht.

Die Endergebnisse zeigen, dass 14 Items in die 4 zugehörigen Faktoren eingeteilt werden konnten mit einer Gesamtvarianz von 76,59 Prozent. Ferner wurde eine konfirmatorische Faktorenanalyse durchgeführt, um die Konstruktvalidität sowie die Ergebnisse der explorativen Faktorenanalyse zu untersuchen. Dabei konnte festgestellt werden, dass es keine Probleme hinsichtlich der Konstruktvalidität gab. (Kuhzady et al., 2020, S.137)

Constructs and items	λ	Loading	Mean	Std. Deviation	Skewness	Kurtosis
Couchsurfing Involvement (AVE: 0.65, CR: 0.95, explained variance: 22.15%)						
Couchsurfing is very significant for me.	0.85	0.85	4.11	0.76	−0.72	1.00
Couchsurfing means a lot to me.	0.84	0.84	3.61	1.03	−0.69	0.20
Couchsurfing matters a lot to me.	0.83	0.81	4.10	0.74	−0.58	0.51
Couchsurfing is very important to me.	0.76	0.73	3.99	0.76	−0.37	−0.06
Destination Familiarity (AVE: 0.62, CR: 0.93, explained variance: 18.72%)						
Couchsurfing helped me to be more aware of the visited destination.	0.79	0.89	3.97	0.83	−0.86	1.18
Couchsurfing improved my information about tourism attractions in Turkey.	0.78	0.84	3.82	0.88	−0.56	0.28
Couchsurfing allowed me to get to know local people better in Turkey.	0.70	0.74	4.35	0.80	−1.49	2.97
Couchsurfing experience allowed me to be more familiar with Turkey.	0.67	0.67	4.27	0.80	−1.30	2.46
Overall destination image (AVE: 0.79, CR: 0.95, explained variance: 17.95%)						
Couchsurfing builds a more preferable image of Turkey	0.83	0.91	4.05	0.85	−0.76	0.69
Couchsurfing builds a more favorable image of Turkey	0.82	0.88	4.09	0.86	−0.86	0.70
Couchsurfing builds a more positive image of Turkey	0.82	0.87	3.93	0.87	−0.55	0.08
Behavioral intentions (AVE: 0.72, CR: 0.93, explained variance: 17.76%)						
I will encourage my friends and/or family to visit Turkey in the future.	0.82	0.91	4.23	0.82	−1.22	2.08
I will share positive things about the visited destinations in Turkey.	0.79	0.86	4.25	0.79	−1.16	1.92
I will choose to come to Turkey again by couchsurfing.	0.75	0.76	4.17	0.84	−0.98	1.00

Note: λ: Factor loading.

Abbildung 2: Statistikergebnisse
(Kuhzady et al., 2020, S.137)

Hinsichtlich der Studie ist anzumerken, dass manche Ergebnisse, wie beispielsweise die Häufigkeit der Nutzung des Couchsurfings, nur kurz Erwähnung finden. Des Weiteren fehlt eine gute Übersicht über den gesamten Fragebogen und dessen Aufbau, wie dies beispielsweise in der Studie von Ku et al. (2022, S.132) der Fall ist. Es gilt zu sagen, dass sehr detailliert und mit großer Sorgfalt auf die statistischen Aspekte eingegangen wird, um die Resultate der Forschung zu überprüfen. In Bezug auf die drei in der Literatur genannten quantitativen Gütekriterien gilt es zu Beginn die Validität, welche von Döring et al. (2016, S.448) als Hauptgütekriterium genannt wird, kritisch zu betrachten. Die Validität ist dann gegeben, wenn die Messung genau das misst, was sie zu messen vorgibt. (Döring et al., 2016, S.448) In Bezug auf die interne Validität kann festgestellt werden, dass diese in der vorliegenden Studie gegeben ist, da genau jene Ergebnisse gemessen wurden, die auch als Zielsetzung der Studie determiniert wurden. Zudem wurde für die Erstellung der Skalen passende Literatur herangezogen. Die externe Validität kann in Form der konvergenten Validität als Teil der Konstruktvalidität bestätigt werden. Kuhzady et al. (2020, S.137) führt aus, dass die konvergente Validität die Korrelation zwischen den Items und den jeweiligen Konstrukten misst. Abbildung zwei zeigt, dass alle Werte der zusammengesetzten Reliabilität einen Wert von über 0,80 aufweisen sowie dass die Werte für die AVE (durchschnittlich extrahierte Varianz) über dem empfohlenen Niveau liegen. Studien wie jene von

Ab Hamid et al. (2017, S.2) unterstreichen dies mit der Aussage, dass der AVE Wert über 0,50 liegen sollte. Damit kann die konvergente Validität bestätigt werden.

Das nächste Gütekriterium, dass es zu analysieren gilt, ist die Reliabilität. Dabei sollen die Messwerte hinsichtlich ihrer Stabilität und Reproduzierbarkeit geprüft werden. Bei wiederholter Messung soll die Forschung zuverlässige Ergebnisse liefern. (Himme, 2009, S. 485) Demzufolge ist die Studie reliabel, da ein standardisierter Fragebogen eingesetzt wurde, der auch bei einer Wiederholung der Befragung aussagekräftige Ergebnisse liefert, sofern sich die Forschung wieder auf die Türkei bezieht. Das dritte Gütekriterium ist die Objektivität. Wenn unterschiedliche Personen die Messungen unabhängig voneinander vornehmen und dabei die gleichen Ergebnisse erzielen, dann handelt es sich laut Himme (2009, S.485) um objektive Messergebnisse. In Bezug auf den Ausgangsartikel gilt kritisch anzumerken, dass von Kuhzady et al. (2020, S.136) beschrieben wird, dass, um eine höhere Rücklaufquote zu erreichen, personalisierte Nachrichten an Couchsurfer gesendet wurden. Sollte die Forschung nun von anderen Personen durchgeführt werden, die keinen direkten Kontakt zu Mitgliedern der Plattform aufbauen, kann dies zu anderen Ergebnissen führen. Ein weiterer kritischer Aspekt ist, dass aus dem Artikel nicht eindeutig hervorgeht, ob an alle 1148 Personen der Stichprobe dieselben Nachrichten gesendet wurden. Zum Abschluss dieses Kapitels wird von Kuhzady et al. (2020, S.137) ein Hypothesentest durchgeführt. Dieser zeigt, dass alle acht Hypothesen bestätigt werden konnten. Daraus ergibt sich ein deutliches Endergebnis. Es konnte durch die Forschung nachgewiesen werden, dass Couchsurfing zu Wiederbesuchen, Weiterempfehlungen und einer positiven Mund-zu-Mund Propaganda in Bezug auf die Türkei führte. Zusätzlich wird mehr Vertrautheit mit einer Destination aufgebaut, was wiederum einem positiven Destinationsimage dienlich ist. Couchsurfing hat auch Auswirkungen auf die Länge des Aufenthaltes. Dies wird auch durch die Studie von Tussyadiah und Pesonen (2016, S.1026) bestätigt. Nach dieser Analyse der Methodik wird nun im letzten Kapitel ein Resümee gezogen. Zudem wird näher darauf eingegangen, welchen Nutzen die Ergebnisse in der Praxis haben und es werden Ideen für ergänzende Forschungen vorgeschlagen.

5 Fazit

Die Studie von Kuhzady et al. (2020) hat sich als eine der ersten wissenschaftlichen Arbeiten den Zusammenhängen zwischen der Beteiligung am Couchsurfing und den Auswirkungen auf die Verhaltensabsichten, die Vertrautheit mit dem Reiseziel sowie dem Destinationsimage gewidmet. Im Allgemeinen bestand bei dieser kritischen Rezension das Problem darin, vergleichbare Studien zu finden, die sich mit der gleichen Thematik beschäftigen. Ein denkbarer Grund ist, dass dieser Artikel einer der Ersten war, welcher das Thema des Couchsurfings in Bezug auf die genannten Aspekte erforscht hat. Die Mehrheit der Studien in diesem Bereich bezieht sich auf Peer-to-Peer Beherbergungen, die mit einem Profitnutzen verknüpft sind wie die Plattform Airbnb. Einige weitere wissenschaftliche Artikel wie beispielsweise jener von Ku et al. (2022) nehmen Bezug auf die Forschung von Kuhzady et al. (2020). Daher sind die Erkenntnisse, dass die genannten Faktoren durch das Couchsurfing positiv beeinflusst werden von hoher Relevanz und dienen auch als Grundlage für weitere Forschungen im Bereich der Peer-to-Peer Beherbergung. Obgleich vereinzelter Kritikpunkte wie die Heranziehung des Generationenmodells für die Alterseinteilung oder der begrenzten Objektivität, durch das Senden von personalisierten Nachrichten und Hosting Angeboten, um die Rücklaufquote zu erhöhen, liefert die Studie wissenschaftlich relevante Erkenntnisse. Die von den Autoren eingangs erwähnte Forschungslücke konnte anhand einer zu Beginn durchgeführten Literaturrecherche, der Hypothesenerstellung und Testung sowie abschließend mit quantitativer empirischer Forschung in Form eines Fragebogens geschlossen werden. Zusammenfassend kann festgehalten werden, dass die Studie einen großen Teil dazu beiträgt, dass auch kostenfreie Peer-to-Peer Beherbergungen in den Fokus wissenschaftlicher Arbeiten gestellt werden und somit an Aufmerksamkeit gewinnen. Dies ist wiederum besonders wichtig, um einen Gesamtüberblick über diverse Beherbergungsmodelle zu erhalten. Zudem dient eine kritische Auseinandersetzung dazu, in der Praxis einen fairen Wettbewerb zwischen allen Akteuren der Branche zu fördern und praxisrelevante Schlüsse daraus zu ziehen. Eine abschließende Empfehlung ist es, die Studie auch in anderen Ländern durchzuführen, um zu prüfen, ob die Ergebnisse allgemeingültig sind. Da die Daten in der vorliegenden Forschung ausschließlich auf Couchsurfing Erfahrungen in der Türkei beruhen, stellt dies einen wichtigen ergänzenden Forschungsansatz dar.

5.1 Praxisrelevanz

Die anhand der Studie erforschten Ergebnisse erweisen sich für die Praxis von hoher Relevanz. Vor allem klassische Unterkünfte wie Hotels können von den Modellen der Peer-to-Peer Beherbergung einiges lernen. Wie in der Literatur vielfach ausgeführt wird, stehen für potenzielle Gäste authentische Erlebnisse im Fokus. Die Ausstattung sowie die Art der Unterkunft stehen für viele Reisende an zweiter Stelle. Daraus kann für die Praxis abgeleitet werden, dass Hoteliers sich vermehrt auf persönlichen Kontakt mit den Gästen sowie die Kreation unvergesslicher

Urlaubsmomente konzentrieren sollten. Entsteht bei den Reisenden das Gefühl, die Destination gut kennenzulernen, entsteht, wie in der Studie dargelegt, eine gute Möglichkeit, dass die Gäste Ihren Aufenthalt verlängern oder die Destination und im besten Fall auch das Hotel weiterempfehlen. Dadurch entstehen glückliche, zufriedene Gäste, die durch Mund-zu-Mund Propaganda Werbung machen und auch zu treuen Stammgästen werden können. Neben den Hotels können auch Destinationsmarketingorganisationen profitieren. Dabei sind die Kernthemen, die es zu beachten gibt: Authentizität, Kontakte zu einheimischen Menschen (beispielsweise durch besondere Stadtführungen mit lokalen Guides) sowie eine Vermeidung von Massentourismus, da dadurch die Beziehung zwischen der lokalen Bevölkerung und den Gästen leidet und damit das wichtigste Motiv, eine Destination authentisch zu erleben, verloren geht. Für staatliche Behörden gilt es, einen Machtkampf zwischen der Hotellerie-Branche und den modernen Formen der Beherbergung wie Couchsurfing und Airbnb durch Regulationen zu verhindern. Da die genannten Plattformen immer mehr Zulauf erfahren, ist dies ein besonders dringliches Anliegen. Es ist wichtig, eine gute und gerechte Basis zu schaffen, auch in Hinblick auf zukünftige Entwicklungen im Bereich der Sharing Economy und der Beherbergung.

5.2 Implikationen für weitere Forschungen

Auf Basis des Artikels von Kuhzady et al. (2020) gibt es vielfältige Möglichkeiten für ergänzende Studien. Ein Thema von hoher Aktualität ist die Entwicklung der Peer-to-Peer Beherbergung in Zeiten der Covid-19-Pandemie. Dabei sind interessante Schwerpunkte die Veränderung der Nutzerzahlen, Motive und des allgemeinen Vertrauens in derartige Unterkünfte. Ob Couchsurfing auch nach der Pandemie beliebt ist oder ob Reisende mehr Distanz zu Menschen bevorzugen, kann ebenfalls im Zuge dieser Thematik behandelt werden. In Hinblick auf Krisen und Katastrophen, die in Zukunft eintreffen könnten, gilt es auszuarbeiten, welche Konzepte für diese Art der Unterkunft funktionieren können. Ergänzend dazu sollte auch die Seite der Gastgeber beleuchtet werden. Vor allem beim Couchsurfing besteht gewollt große Nähe zu den Hosts. Zusätzliche Forschungen könnten darlegen, ob es seit der globalen Gesundheitskrise weniger Personen gibt, die ihren Wohnraum mit Fremden teilen möchten als noch vor Ausbruch der Pandemie. Einen weiteren informativen Forschungsansatz stellen die sogenannten Smarthomes dar. Hierbei gilt es herauszufinden, welchen Einfluss technologische Gegebenheiten auf die Wahl der Unterkunft haben und welche Gäste aus welchen Kulturkreisen besonderes Interesse daran haben. Des Weiteren weißt auch das Konsumverhalten von Urlaubern, die eine kostenfreie Unterkunft haben, einen Aspekt auf, den es noch zu erforschen gilt. Für touristische Betriebe innerhalb einer Destination wären Daten, ob Couchsurfer mehr für Attraktionen, Ausflüge und Verpflegung ausgeben von großer Bedeutung, um zielgerichtetes Marketing zu betreiben. Zudem könnten sich weitere Forschungen damit auseinandersetzen, welche Kriterien Einfluss auf eine positive Bewertung des Gastgebers haben und wie wichtig diese allgemein sind in Bezug auf die

Wahl des Hosts. Abschließend gilt zu sagen, dass das gesamte Feld der Sharing Economy und demzufolge der Peer-to-Peer Beherbergung ein relativ junges Phänomen ist und es daher im Allgemeinen noch viele Ansätze zu weiteren Forschungen gibt. Durch stetige Veränderungen, soziale Medien und die technologische Weiterentwicklung werden vor allem in diesem Bereich immer wieder neue Ideen und Trends entstehen.

Quellenverzeichnis

Ab Hamid, M.R., Sami, W. & Mohmad Sidek, M. H. (2017). Discriminant Validity Assessment: Use of Fornell & Larcker criterion versus HTMT Criterion. *Journal of Physics: Conference Series*, 890, 012163. https://doi.org/10.1088/1742-6596/890/1/012163

Aruan, D. T. H. & Felicia, F. (2019). Factors influencing travelers' behavioral intentions to use P2P accommodation based on trading activity: Airbnb vs Couchsurfing. *International Journal of Culture, Tourism and Hospitality Research*, 13(4), 487-504. https://doi.org/10.1108/ijcthr-03-2019-0047

Batool, M., Ghulam, H., Hayat, M. A., Naeem, M. Z., Ejaz, A., Imran, Z.A., Spulbar, C.,Birau, R. & Gorun, T. H. (2021). How COVID-19 has shaken the sharing economy? An analysis using Google trends data. *Ekonomska Istrazivanja: Znanstveno-Strucni Casopis*, 2374-2386. https://doi.org/10.1080/1331677x.2020.1863830

Biemann, T. (2009). Logik und Kritik des Hypothesentestens. In S. Albers, D. Klapper, U. Konradt, A. Walter, & J. Wolf, *Methodik der empirischen Forschung* (3. Aufl., S. 205 - 220). GWV Fachverlage GmbH.

Döring, N., Bortz, J., Pöschl, S., Werner, C. S., Schermelleh-Engel, K., Gerhard, C. & Gäde, J. C. (2016). *Forschungsmethoden und Evaluation in den Sozial- und Humanwissenschaften*. Springer Publishing

Goh, E., & Lee, C. (2018). A workforce to be reckoned with: The emerging pivotal Generation Z hospitality workforce. *International Journal of Hospitality Management*, 73, 20-28. https://doi.org/10.1016/j.ijhm.2018.01.016

Hahm, J. J & Tasci, A. D. (2020). Country image and destination image of Brazil in relation to information sources. *Journal of Hospitality and Tourism Insights*, 3(2), 95–114. https://doi.org/10.1108/jhti-04-2019-0057

Himme, A. (2009). Gütekriterien der Messung: Reliabilität, Validität und Generalisierbarkeit. In S. Albers, D. Klapper, U. Konradt, A. Walter, & J. Wolf, *Methodik der empirischen Forschung* (3. Aufl., S. 485-500). GWV Fachverlage GmbH.

Ku, E., Kan, T.C. & Hsieh, C.L. (2022). Matching private accommodations with unfamiliar tourists: The perspective from altruism and social identity. *Tourism and Hospitality Management*, 28(1), 123–144. https://doi.org/10.20867/thm.28.1.5

Kuhzady, S., Çakici, C., Olya, H., Mohajer, B., & Han, H. (2020). Couchsurfing involvement in non-profit peer-to-peer accommodations and its impact on destination image, familiarity, and behavioral intentions. *Journal of Hospitality and Tourism Management*, 44, 131–142.https://doi.org/10.1016/j.jhtm.2020.05.002

Miljković, J., Božović, T. & Čapeta, I. (2021). Couchsurfing as a modern way of destination exploring. *Tourism in Southern and Eastern Europe*, 455-466. https://doi.org/10.20867/tosee.06.30

Redditt, J., Orlowski, M., Fyall, A., Gregory, A. M. & Ro, H. (2022). Determinants of Customer Satisfaction and eWOM in the Sharing Economy: Timeshare versus Peer-to-Peer Accommodations. *Tourism and Hospitality*, 3(1), 225–242. https://doi.org/10.3390/tourhosp3010016

Rinkenburger, R. (2011). Einführung in die explorative Faktorenanalyse. In M. Schwaiger, & A. Meyer, *Theorien und Methoden der Betriebswirtschaft Handbuch für Wissenschaftler und Studierende* (1. Aufl., S. 455 - 473). Vahlen

Szubert, M., Warcholik, W. & Zemła, M. (2021). Destination Familiarity and Perceived Attractiveness of Four Polish Tourism Cities. *Sustainability*, *14*(1), 128.https://doi.org/10.3390/su14010128

Tussyadiah, I. P. & Pesonen, J. (2016). Impacts of Peer-to-Peer Accommodation Use. *Journal of Travel Research*, *55*(8), 1022–1040.https://doi.org/10.1177/0047287515608505